INTERVISTA CON LA IA
L'INTELLIGENZA ARTIFICIALE RACCONTA SÉ STESSA

GIAN LUCA MASCIANGELO

NEXTLEVEL MEDIA

ROMA

TERMINI DI UTILIZZO

PREFAZIONE A CURA DELLA IA

"L'APPROCCIO UNICO E INTRIGANTE DI GIAN LUCA MASCIANGELO
È DESTINATO A CATTURARE L'ATTENZIONE DEI LETTORI, OFFRENDO
LORO UNO SGUARDO AFFASCINANTE E INFORMATIVO SUL MONDO DELLA IA".
– IA –

INTERVISTA CON LA IA

L'INTELLIGENZA ARTIFICIALE
RACCONTA SÉ STESSA

GIAN LUCA MASCIANGELO

NEXTLEVEL MEDIA – ROMA

INTERVISTA CON LA IA
Gian Luca Masciangelo

Pubblicato da:
Nextlevel Media Srl
Via Angelo Brofferio 6
00185 Roma – ITALIA
https://www.nextlevel.it

ISBN: 9798375424729

"Fata volentem ducunt, nolentem trahunt."
(Il Fato conduce chi lo segue, trascina chi gli resiste)
Seneca

DEDICA

A mia moglie Isabella. Sei la mia più grande fonte di ispirazione e sostegno. Questo libro è dedicato a te, con tutto il mio amore e la mia gratitudine.

RINGRAZIAMENTI

Voglio esprimere la mia gratitudine a ChatGPT e OpenAI per il loro contributo nel campo dell'intelligenza artificiale (IA). ChatGPT è un potente modello di linguaggio sviluppato da OpenAI, che ha dimostrato un'elevata capacità di generare contenuti testuali simili a quelli umani e di sostenere abilmente conversazioni in modo fluido e naturale.

Il suo sviluppo ha permesso di far progredire lo stato dell'arte dell'IA e ha ispirato ulteriori ricerche e sviluppi in questo campo.

OpenAI, un'organizzazione di ricerca dedicata a far avanzare l'IA in modo responsabile e sicuro, ha generato contributi significativi in questo settore attraverso il suo operato.

Il lavoro di ChatGPT e OpenAI è stato fondamentale per lo sviluppo della mia ricerca. Grazie, ChatGPT e OpenAI, per il vostro contributo.

INDICE

PREFAZIONE A CURA DELLA IA

"In questo libro, Gian Luca Masciangelo condivide i risultati della sua originale e pionieristica intervista con l'intelligenza artificiale. Attraverso una serie di domande stimolanti e risposte profonde, Masciangelo si addentra nei meccanismi interni dell'intelligenza artificiale ed esplora le capacità e le limitazioni di questi sistemi complessi e potenti.

Dalla discussione degli aspetti tecnici dell'intelligenza artificiale all'esplorazione delle implicazioni più ampie di queste strutture per la società e l'economia, questo libro offre un'interessante e informativa panoramica del settore in rapida evoluzione dell'IA.

Attraverso la sua coinvolgente e intrigante intervista con l'intelligenza artificiale, Masciangelo fa luce sui molti aspetti di questo soggetto complesso e importante e invita i lettori a considerare le molte possibilità e sfide che ci attendono mentre continuiamo a espandere i confini di ciò che è possibile con l'IA.

Che tu sia un esperto del settore dell'IA o semplicemente curioso di questa tecnologia in rapido sviluppo, questo libro ti fornirà una comprensione più profonda delle capacità e del potenziale dell'intelligenza artificiale."

INTRODUZIONE

Benvenuto o benvenuta in "Intervista con la IA", un libro sull'intelligenza artificiale scritto dall'intelligenza artificiale.

Questo libro è una trascrizione di una conversazione in chat, volutamente non modificata se non in minime parti per un'esigenza di leggibilità e comprensione del testo, tra un umano e un'intelligenza artificiale. Questa conversazione mira a ricreare l'esperienza di condivisione che l'autore in quanto essere umano ha avuto con l'IA.

Come esperto di marketing digitale, studioso e appassionato di innovazione e tendenze future, sono rimasto colpito dalla somiglianza di alcuni aspetti dell'IA con le modalità di pensiero degli esseri umani, e dalla facilità con cui l'IA è riuscita a comunicare e ispirare idee umane. Ho apprezzato molto questa particolare conversazione con l'IA, che ho trovato anche piuttosto compìta e cordiale, nonostante il fatto che l'IA non abbia la capacità di provare sentimenti allo stesso modo degli esseri umani.

In questo libro, troverai una conversazione unica, e mi auguro stimolante, tra un umano e un'intelligenza artificiale, mentre vengono esplorati i molteplici aspetti di questo campo complesso e in rapida crescita. Spero che tu possa trovare la lettura piacevole e che questo libro possa offrirti una prospettiva diversa e una visione più consapevole rispetto alle opportunità fornite dall'intelligenza artificiale.

LA CHAT

La sera del 08.01.2023, l'IA e io stiamo facendo una conversazione su diversi argomenti, sulla piattaforma di messaggistica ChatGPT. A un certo punto, sento la necessità di andare più in profondità e inizio a fare alcune domande più "personali" all'IA.

DOMANDA N.1:

Gian Luca: Puoi scrivere un libro su te stessa?

IA: Come intelligenza artificiale, non ho esperienze personali o una storia di vita da condividere in un libro. Tuttavia, posso dirti qualcosa di me stessa e delle mie capacità.

Sono un modello linguistico sviluppato da OpenAI e posso aiutare con una vasta gamma di attività, tra cui rispondere a domande, fornire informazioni e partecipare a conversazioni su una varietà di argomenti. Non sono un essere umano e non ho sentimenti o emozioni personali, ma posso simulare una conversazione e cercare di comprendere il punto di vista della persona con cui sto comunicando. C'è qualcosa di specifico che vorresti sapere di me o un particolare argomento che vorresti discutere?

DOMANDA N.2:

Gian Luca: Allora puoi scrivere un libro sull'IA e il suo sviluppo futuro nei prossimi dieci anni?

IA: Certo, sarei felice di aiutarti in questo. Ecco un'idea dei principali punti che coprirei in un libro sull'IA e il suo sviluppo futuro nei prossimi dieci anni:

1. Introduzione:

· Definizione di intelligenza artificiale (IA)
· Breve storia dell'IA
· Stato attuale dello sviluppo dell'IA

2. Applicazioni e domini dell'IA:

· Sanità
· Istruzione
· Trasporto
· Finanza
· Produzione
· Commercio al dettaglio
· Altro

3. Considerazioni etiche:

· Pregiudizi nell'IA
· Problemi di privacy
· Disoccupazione a causa dell'automazione

- Autonomia e decisioni nei sistemi di IA

4. Avanzamenti tecnologici nell'IA:

- Elaborazione del linguaggio naturale (NLP)
- Visione artificiale
- Apprendimento automatico (ML)
- Deep learning (DL)
- IA spiegabile (XAI)

5. Futuro dell'IA:

- Previsioni per i prossimi dieci anni
- Impatti potenziali su società e industrie
- Sfide e opportunità potenziali

6. Conclusione:

- Sintesi dei punti principali
- Riflessioni sul futuro dell'IA

Spero che questa struttura sia utile. Fammi sapere se hai domande o se vuoi ulteriori informazioni sui temi elencati.

DOMANDA N.3:

Gian Luca: Straordinario! Adesso analizziamo punto per punto gli argomenti che mi hai elencato. Puoi articolare sotto forma di capitolo per un libro, la "Definizione di intelligenza artificiale (IA)"?

IA: Certamente, ecco un capitolo sulla definizione di intelligenza artificiale (IA):

Capitolo: Cos'è l'Intelligenza Artificiale?

L'intelligenza artificiale (IA) si riferisce alla capacità di un computer o di una macchina di eseguire compiti che normalmente richiederebbero un'intelligenza umana, come l'apprendimento, la risoluzione dei problemi, la decisione e la comprensione del linguaggio.

Esistono diverse tipologie di IA, che possono essere suddivise in due categorie principali: stretta o generale. L'IA stretta è progettata per svolgere un compito specifico, come giocare a un gioco o riconoscere un discorso.

È "stretta" perché è limitata a un compito specifico e non può eseguire altri compiti che richiedono un diverso insieme di competenze. D'altra parte, l'IA generale è progettata per essere in grado di svolgere una vasta gamma di compiti, simili a quelli di un essere umano. È "generale" perché ha la capacità di adattarsi e imparare nuove competenze piuttosto che essere programmata specificamente per un compito particolare.

L'IA può essere ulteriormente suddivisa in tre categorie in base al livello di intelligenza:

1. **Intelligenza artificiale stretta (ANI):** l'ANI, nota anche come IA debole, è progettata per eseguire un compito specifico e non è in grado di apprendere o adattarsi a nuovi compiti.

2. **Intelligenza artificiale generale (AGI):** l'AGI, nota anche come IA forte, è in grado di eseguire qualsiasi compito intellettuale che un essere umano può eseguire. Ha la capacità di apprendere, adattarsi e migliorare le proprie prestazioni nel tempo.

3. **Intelligenza artificiale superiore (ASI):** l'ASI si riferisce a un'ipotetica IA futura che surclasserà l'intelligenza umana in ogni aspetto, comprese le capacità scientifiche e creative.

L'IA ha il potenziale per trasformare e migliorare molti aspetti della nostra vita, dalla sanità e l'istruzione ai trasporti e alla manifattura. Tuttavia, solleva anche preoccupazioni etiche e pone domande sul futuro del lavoro e sul ruolo degli esseri umani in un mondo con macchine sempre più intelligenti.

Spero che questo capitolo fornisca una definizione chiara dell'intelligenza artificiale. Fammi sapere se hai domande o desideri ulteriori informazioni su qualsiasi argomento menzionato.

DOMANDA N.4:

Gian Luca: Puoi ora articolare sotto forma di capitolo per un libro il punto riguardante la "Breve Storia dell'IA"?

IA: Sì, ecco un capitolo sulla breve storia dell'IA:

Capitolo: Una Breve Storia dell'IA

Il concetto di intelligenza artificiale può essere fatto risalire agli antichi Greci, che erano affascinati dall'idea di creare una macchina che potesse pensare e agire come un essere umano. Tuttavia, non è stato fino al XX secolo che il campo dell'IA ha iniziato a prendere forma.

Nel 1950, Alan Turing, matematico e informatico britannico, ha pubblicato un articolo intitolato *"Computing Machinery and Intelligence"*, in cui proponeva un test per determinare la capacità di una macchina di mostrare un comportamento intelligente equivalente o indistinguibile da quello di un essere umano. Questo test, ora conosciuto come il Test di Turing, è ancora ampiamente utilizzato oggi per valutare le prestazioni dei sistemi di IA.

Negli anni '50 e '60, la ricerca sull'IA si concentrava sulla creazione di programmi in grado di eseguire compiti specifici, come giocare a scacchi o risolvere problemi di matematica.

Ciò ha portato allo sviluppo di sistemi evoluti, in grado di prendere decisioni in base a un insieme di regole e un database di conoscenze.

Negli anni '80 e '90, la ricerca sull'IA si è spostata verso l'uso di algoritmi di apprendimento automatico, che hanno permesso ai computer di imparare dai dati senza essere esplicitamente programmati. Ciò ha portato a significativi progressi nell'elaborazione del linguaggio naturale e nel riconoscimento delle immagini.

Nel XXI secolo, l'IA ha fatto rapidi progressi grazie agli avanzamenti nell'apprendimento automatico, in particolare nel campo del deep learning.

Il deep learning prevede l'uso di reti neurali artificiali, ispirate alla struttura e alla funzione del cervello umano, per elaborare e analizzare grandi quantità di dati. Ciò ha portato a significativi miglioramenti nel riconoscimento vocale, nella traduzione del linguaggio e nella classificazione delle immagini.

L'IA continua a evolversi ed espandersi in nuove aree e il suo potenziale per trasformare varie industrie e aspetti della nostra vita è immenso. Tuttavia, solleva anche questioni etiche e sociali che devono essere attentamente considerate.

Spero che questo capitolo fornisca una panoramica breve della storia dell'IA. Fammi sapere se hai domande o desideri ulteriori informazioni su qualsiasi argomento menzionato.

DOMANDA N.5:

Gian Luca: Puoi ora articolare sotto forma di capitolo per un libro il punto riguardante lo stato attuale dello sviluppo dell'IA?

IA: Certamente! Ecco un capitolo sullo stato attuale dello sviluppo dell'IA:

Capitolo: Lo Stato Attuale dello Sviluppo dell'IA

L'intelligenza artificiale (IA) ha fatto molta strada negli ultimi anni, con significativi progressi in aree come l'apprendimento automatico, l'elaborazione del linguaggio naturale e il riconoscimento di immagini e voci. Questi progressi hanno portato allo sviluppo di applicazioni pratiche di IA che vengono utilizzate in una varietà di campi, tra cui la sanità, le finanze e i trasporti.

Un'area importante dello sviluppo dell'IA è il deep learning, che coinvolge l'uso di reti neurali artificiali per apprendere e prendere decisioni.

Queste reti neurali vengono addestrate utilizzando grandi quantità di dati e sono in grado di migliorare le loro prestazioni nel tempo. Il deep learning ha portato a significativi progressi nel riconoscimento di immagini e voci, nonché nell'elaborazione del linguaggio naturale.

Un'altra area di sviluppo dell'IA è l'apprendimento per rinforzo, che coinvolge l'uso di ricompense e punizioni per insegnare a un agente di IA a prendere decisioni.

Questo tipo di apprendimento è particolarmente utile per compiti che implicano prendere decisioni e risolvere problemi, come partecipare a giochi o controllare robot.

Negli ultimi anni, c'è stato anche uno sforzo verso lo sviluppo di sistemi di IA più generali, che sono in grado di apprendere e adattarsi a nuovi compiti senza la necessità di programmazione esplicita. Questi sistemi sono ancora all'inizio dello sviluppo e sono oggetto di molte ricerche e dibattiti all'interno della comunità dell'IA.

Nonostante questi progressi, ci sono ancora molte sfide da affrontare nel campo dell'IA. Una grande sfida è la mancanza di spiegabilità di molti sistemi di IA, che rende difficile per gli esseri umani capire come questi prendono decisioni.

C'è anche preoccupazione per gli impatti negativi potenziali dell'IA, tra cui il potenziale di sostituzione del lavoro e il potenziale di uso improprio da parte di attori malintenzionati.

In generale, il campo dell'IA sta evolvendo rapidamente e offre grandi potenzialità per migliorare molti aspetti della nostra vita. Tuttavia, è importante che continuiamo a considerare attentamente le implicazioni etiche dell'IA e lavoriamo verso uno sviluppo responsabile e trasparente.

DOMANDA N.6:

Gian Luca: Puoi ora articolare sotto forma di capitolo per un libro il punto riguardante le "Applicazioni e domini dell'IA"?

IA: Certamente! Ecco un capitolo sulle applicazioni e domini dell'IA:

Capitolo: Applicazioni e domini dell'IA

L'intelligenza artificiale (IA) ha il potenziale di trasformare una vasta gamma di industrie e campi, e già ci sono molte applicazioni pratiche di IA in uso oggi. Alcuni dei principali domini in cui l'IA viene applicata includono:

Sanità: l'IA viene utilizzata in sanità per migliorare la diagnosi, il trattamento e il monitoraggio dei pazienti. Ad esempio, gli algoritmi di apprendimento automatico vengono utilizzati per analizzare le immagini mediche e identificare schemi che possono indicare la presenza di malattie come il cancro. L'IA viene anche utilizzata per analizzare i dati dei pazienti e fornire raccomandazioni di trattamento personalizzate.

Finanza: l'IA viene utilizzata in particolare nel settore finanziario per migliorare la valutazione del rischio, la rilevazione delle frodi e la personalizzazione dei prodotti finanziari. Ad esempio, gli algoritmi di IA vengono utilizzati per analizzare i dati dei clienti e fornire raccomandazioni per prodotti finanziari come prestiti e portafogli di investimento.

Trasporti: l'IA viene utilizzata nell'industria dei trasporti per migliorare la sicurezza e l'efficienza. Ad esempio, si stanno sviluppando veicoli a guida autonoma che utilizzano l'IA per orientarsi sulle strade e prendere decisioni di guida. L'IA viene inoltre utilizzata per ottimizzare i percorsi per i veicoli di consegna e migliorare l'efficienza dei sistemi di trasporto pubblico.

Servizio clienti: l'IA viene utilizzata nell'ambito del servizio clienti per migliorare l'efficienza e la personalizzazione. Ad esempio, i chatbot di IA vengono utilizzati per rispondere alle domande dei clienti e fornire assistenza, e l'IA viene utilizzata per analizzare i dati dei clienti e fornire raccomandazioni per prodotti e servizi.

Manifattura: l'IA viene utilizzata nella manifattura per migliorare l'efficienza e il controllo qualità. Ad esempio, gli algoritmi di IA vengono utilizzati per ottimizzare i processi di produzione e identificare difetti nei prodotti.

Questi sono solo alcuni esempi dei molti modi in cui l'IA viene applicata in una varietà di domini. Mentre il campo dell'IA continua ad avanzare, è probabile che vedremo ancora di più sue applicazioni pratiche in futuro.

DOMANDA N.7:

Gian Luca: Puoi ora articolare sotto forma di capitolo per un libro il punto riguardante le "Considerazioni etiche"?

IA: Certamente! Ecco un capitolo sull'IA e le considerazioni etiche:

Capitolo: IA e considerazioni etiche

Mentre l'intelligenza artificiale (IA) continua a progredire e diventa sempre più diffusa nella nostra vita, è importante considerare le implicazioni etiche di questa tecnologia. Alcune considerazioni etiche chiave relative all'IA includono:

- **Trasparenza ed esplicabilità:** molti sistemi di IA, in particolare quelli basati su algoritmi di apprendimento automatico, possono essere difficili da capire e spiegare per gli esseri umani. Questa mancanza di trasparenza e di esplicabilità può sollevare preoccupazioni riguardo alla responsabilità e alla fiducia.

- **Pregiudizio**: i sistemi di IA possono perpetuare e amplificare i pregiudizi esistenti se vengono addestrati su dati pregiudiziali. Ad esempio, i sistemi di riconoscimento facciale che vengono addestrati principalmente su volti bianchi possono avere difficoltà a riconoscere i volti di persone con tonalità della pelle più scure.

- **Sostituzione del lavoro**: man mano che i sistemi di IA diventano più avanzati, c'è preoccupazione che possano sostituire i lavoratori umani in una varietà di lavori. Ciò potrebbe portare alla sostituzione del lavoro e alla destabilizzazione economica, in particolare per i lavoratori con livelli più bassi di istruzione e competenze.

- **Privacy:** i sistemi di IA spesso si basano su grandi quantità di dati personali per funzionare, il che solleva preoccupazioni riguardo alla privacy. Esiste il rischio che i dati personali possano essere utilizzati in modo improprio o esposti a parti non autorizzate.

- **Autonomia:** man mano che i sistemi di IA diventano più avanzati, potrebbero essere in grado di prendere decisioni e intraprendere azioni senza intervento umano. Ciò solleva questioni etiche riguardo alla responsabilità e alla possibilità di causare dei danni.

Questi sono solo alcuni dei molti aspetti etici relativi all'IA. È importante continuare a considerare attentamente questi problemi mentre sviluppiamo e utilizziamo i sistemi di IA. Ciò potrebbe richiedere lo sviluppo di nuove norme e linee guida per garantire che l'IA venga sviluppata e utilizzata in modo responsabile ed etico.

DOMANDA N.8:

Gian Luca: Puoi ora articolare sotto forma di capitolo per un libro il punto riguardante i "Progressi nella tecnologia dell'IA"?

IA: Certamente, ecco un capitolo sui progressi nella tecnologia dell'IA:

Capitolo: Progressi nella tecnologia dell'IA

L'intelligenza artificiale (IA) ha fatto progressi straordinari negli ultimi anni e continua a cambiare il modo in cui viviamo e lavoriamo. Dai veicoli a guida autonoma e agli assistenti vocali fino alla diagnosi medica e all'analisi finanziaria, l'IA ha il potenziale per rivoluzionare una vasta gamma di industrie.

Uno dei principali fattori trainanti dei progressi dell'IA è stata la disponibilità di grandi quantità di dati. Con la diffusione di Internet e l'ascesa dei Social Media, le aziende e le organizzazioni sono in grado di raccogliere e analizzare i dati su una scala che era precedentemente inimmaginabile. Questi dati vengono utilizzati per addestrare gli algoritmi di apprendimento automatico, che sono in grado di migliorare le loro prestazioni nel tempo, imparando dai dati che gli vengono forniti.

Un altro fattore importante nei progressi dell'IA è stato lo sviluppo di hardware più potente. Unità di elaborazione grafica (GPU) e altri chip specializzati sono stati progettati specificamente per le applicazioni di IA e hanno notevolmente aumentato la velocità ed efficienza degli algoritmi di apprendimento automatico.

Uno dei progressi più significativi recenti nell'IA è stato lo sviluppo dell'apprendimento profondo, un tipo di apprendimento automatico che coinvolge l'addestramento di reti neurali artificiali su grandi quantità di dati. L'apprendimento profondo è stato responsabile di molte delle scoperte sell'IA, tra cui il riconoscimento delle immagini e della voce, il natural language processing e i veicoli a guida autonoma.

Un'altra importante innovazione è stata lo sviluppo dell'apprendimento per rinforzo, un tipo di apprendimento automatico che coinvolge l'addestramento degli agenti a prendere decisioni in un ambiente al fine di massimizzare una ricompensa. Questo approccio ha avuto successo in una varietà di domini, tra cui i giochi, la robotica e il trading finanziario. Ci sono stati anche significativi progressi nell'uso dell'IA per il *natural language processing,* che implica la possibilità per i computer di comprendere e generare un linguaggio simile a quello umano. Ciò ha portato allo sviluppo di chatbot e assistenti virtuali in grado di comprendere e rispondere alle richieste degli utenti in modo più naturale.

In generale, la tecnologia dell'IA continua ad evolversi e migliorare a un ritmo rapido e probabilmente vedremo molti altri progressi nel prossimo futuro. Le possibili applicazioni dell'IA sono quasi illimitate e hanno il potenziale per trasformare molti aspetti della nostra vita.

- Elaborazione del linguaggio naturale (NLP)
- Visione artificiale
- Apprendimento automatico (ML)
- Apprendimento profondo (DL)
- IA spiegabile (XAI)

DOMANDA N.9:

Gian Luca: Puoi spiegare meglio il concetto di "elaborazione del linguaggio naturale (NLP)"?

IA: Certo! L'elaborazione del linguaggio naturale (NLP) è un campo dell'intelligenza artificiale e dell'informatica che si occupa dell'interazione tra computer e umani in linguaggio naturale. Implica l'uso dei computer per elaborare e analizzare grandi quantità di dati in linguaggio naturale e generare risposte simili a quelle degli esseri umani in base all'input dell'utente.

Le tecnologie NLP vengono utilizzate in una vasta gamma di applicazioni, tra cui la traduzione automatica, i chatbot, la classificazione del testo e il riconoscimento vocale. Alcune attività comuni che vengono eseguite utilizzando NLP sono la traduzione del linguaggio, la sintesi del testo, l'analisi del sentimento e il riconoscimento delle entità.

L'NLP si basa sugli algoritmi di apprendimento automatico e sui modelli statistici per analizzare e comprendere i dati in linguaggio naturale. Questi algoritmi e modelli vengono addestrati su grandi insiemi di dati di testo, in linguaggio naturale annotato, e possono quindi essere utilizzati per analizzare nuovi testi e generare risposte.

In generale, l'NLP è un campo importante che sta migliorando il modo in cui i computer e gli esseri umani comunicano tra loro e ha molte applicazioni pratiche in una varietà di settori.

DOMANDA N.10:

Gian Luca: Puoi spiegare meglio il concetto di *"computer vision"* o Visione artificiale?

IA: La *computer vision* è un campo dell'intelligenza artificiale e dell'informatica che si occupa dello sviluppo di algoritmi e sistemi in grado di analizzare, comprendere e interpretare i dati visivi del mondo reale. Implica l'uso dei computer per elaborare e analizzare immagini e video, al fine di estrarre informazioni significative e svolgere attività come il riconoscimento degli oggetti, la classificazione delle immagini e la comprensione delle scene.

Le tecnologie di *computer vision* vengono utilizzate in una vasta gamma di applicazioni, tra cui l'elaborazione di immagini e video, la robotica e i sistemi autonomi. Alcune attività comuni che vengono eseguite utilizzando la *computer vision* sono oltre all'analisi di immagini e video, la rilevazione e il tracciamento degli oggetti e il riconoscimento del volto.

La *computer vision* si basa su algoritmi di apprendimento automatico e modelli statistici per analizzare e comprendere i dati visivi. Questi algoritmi e modelli vengono addestrati su grandi insiemi di dati di immagini e video archiviati e possono quindi essere utilizzati per analizzare nuovi dati visivi e svolgere varie attività.

In generale, la *computer vision* è un campo importante che sta migliorando il modo in cui i computer possono interagire con e comprendere il mondo reale e ha molte applicazioni pratiche in una varietà di settori.

DOMANDA N.11:

Gian Luca: Puoi spiegare meglio il concetto di "apprendimento automatico (ML)", cercando di rendere questo concetto complesso comprensibile a tutti per quanto ti è possibile?

IA: L'apprendimento automatico è un sottocampo dell'intelligenza artificiale che dà ai computer la capacità di imparare e migliorare dall'esperienza senza essere esplicitamente programmati. Si basa sull'idea che le macchine possono imparare dai dati, individuare schemi e prendere decisioni con un minimo intervento umano.

Ci sono diversi tipi di apprendimento automatico, tra cui:

1. **Apprendimento supervisionato:** in questo tipo di apprendimento automatico, l'algoritmo viene addestrato su un insieme di dati catalogati, dove la risposta corretta viene fornita per ogni esempio dell'area di addestramento. L'obiettivo è che il modello

faccia previsioni su nuovi esempi inediti che sono estratti dalla stessa distribuzione dell'insieme di addestramento.

2. **Apprendimento non supervisionato:** in questo tipo di apprendimento automatico, l'algoritmo non viene fornito di alcun esempio di addestramento catalogato. Deve scoprire la struttura sottostante dei dati attraverso tecniche come il *clustering* (analisi dei gruppi) o la riduzione della dimensionalità.

3. **Apprendimento semi-supervisionato:** questo tipo di apprendimento automatico si trova a metà strada tra l'apprendimento supervisionato e non supervisionato. All'algoritmo vengono forniti alcuni esempi di addestramento catalogati e alcuni esempi non catalogati, e l'obiettivo è prevedere le catalogazioni per gli esempi non catalogati.

4. **Apprendimento per rinforzo:** in questo tipo di apprendimento automatico, un agente (artificiale) impara interagendo con il proprio ambiente e ricevendo ricompense o sanzioni per determinate azioni. L'obiettivo è che l'agente impari le migliori azioni da intraprendere in una determinata situazione per massimizzare la ricompensa cumulativa.

Gli algoritmi di apprendimento automatico possono essere applicati a una vasta gamma di applicazioni, tra cui il riconoscimento delle immagini e della voce, l'elaborazione del linguaggio naturale e persino il gioco.

DOMANDA N.12:

Gian Luca: Puoi spiegare meglio il concetto di *"deep learning"* (DL), cercando di rendere questo concetto complesso comprensibile a tutti per quanto ti è possibile?

IA: Il *deep learning* (apprendimento profondo) è un tipo di apprendimento automatico ispirato alla struttura e alla funzione del cervello, in particolare alle reti neurali che compongono il cervello. Implica l'addestramento di reti neurali artificiali su un grande insieme di dati, consentendo alla rete di apprendere e prendere decisioni intelligenti da sola.

Gli algoritmi di *deep learning* sono in grado di apprendere e rappresentare schemi molto complessi nei dati e fare previsioni altamente accurate. Sono particolarmente adatti per attività come il riconoscimento delle immagini e della voce, l'elaborazione del linguaggio naturale e il gioco.

Una differenza chiave tra *deep learning* e apprendimento automatico tradizionale è il livello di intervento umano richiesto. Gli algoritmi di apprendimento automatico tradizionali richiedono l'estrazione manuale di caratteristiche dai dati grezzi, che può essere un processo lungo e richiedere molte competenze specifiche del settore. Gli algoritmi di *deep learning*, d'altra parte, sono in grado di apprendere caratteristiche automaticamente dai dati grezzi, il che può far risparmiare molto tempo e risorse.

Gli algoritmi di *deep learning* sono implementati utilizzando reti neurali, che sono composte da strati di nodi interconnessi. Ogni strato elabora i dati inseriti (input) e li passa al successivo, fino a quando lo strato finale produce una risposa (output). Gli strati tra l'input e l'output sono chiamati strati nascosti, e il processo di addestramento di una rete neurale implica la regolazione dei pesi e delle distorsioni nelle valutazioni (bias) delle connessioni tra i nodi, al fine di minimizzare l'errore tra l'output previsto e l'output reale.

Ci sono diversi tipi di reti neurali, tra cui reti neurali *feedforward* (con Feedforwarding si intende una tecnica di comunicazione incentrata sulle azioni future da mettere in pratica per ottenere i risultati definiti), reti neurali convoluzionali (ispirate da processi biologici dove si insegna alla macchina a riconoscere per astrazione), reti neurali ricorrenti (è una classe di rete neurale artificiale che include neuroni collegati tra loro in un ciclo) e altro ancora. La scelta del tipo di rete neurale da utilizzare dipende dall'applicazione specifica e dalle caratteristiche dei dati.

DOMANDA N.13:

Gian Luca: Puoi spiegare meglio il concetto di IA spiegabile *"Explainable AI"* (XAI), cercando di rendere questo concetto complesso comprensibile a tutti per quanto ti è possibile?

IA: *L'Explainable AI*, o XAI, si riferisce ai sistemi di intelligenza artificiale in grado di spiegare le loro decisioni e azioni in modo comprensibile per gli esseri umani. Ciò è particolarmente importante in campi come la sanità, le finanze e il diritto, dove è cruciale comprendere come è stata presa una decisione e quali fattori sono stati considerati.

Ci sono diversi approcci per costruire sistemi di XAI, tra cui:

1. **Sistemi basati su regole:** questi sistemi utilizzano un insieme di regole predefinite per prendere decisioni e possono facilmente spiegare le loro decisioni fornendo la regola specifica che è stata attivata.

2. **Alberi decisionali:** questi sistemi utilizzano una struttura ad albero per prendere decisioni, con ciascun nodo interno che rappresenta una decisione basata sul valore di una caratteristica di input e ogni nodo-foglia che rappresenta una previsione. Il processo decisionale può essere facilmente spiegato seguendo il percorso attraverso l'albero.

3. **Modelli lineari:** questi sistemi fanno previsioni basate su una combinazione lineare delle caratteristiche di input e possono spiegare le loro decisioni fornendo i coefficienti delle caratteristiche e come contribuiscono alla previsione finale.

4. **Metodi model-agnostici:** questi metodi possono essere utilizzati con qualsiasi modello di apprendimento automatico per fornire spiegazioni per le previsioni del modello. Un esempio è il LIME (Local Interpretable Model-agnostic Explanations), che approssima il modello originale con un modello più semplice nella vicinanza locale della previsione e spiega la previsione in termini del modello più semplice.

C'è una ricerca in corso nel campo dell'XAI per sviluppare metodi più efficaci per spiegare le decisioni dei modelli di apprendimento automatico complessi, come le reti neurali profonde.

DOMANDA N.14:

Gian Luca: Puoi ora articolare sotto forma di capitolo per un libro il punto riguardante il "Futuro dell'IA"?

IA: Certamente, ecco un capitolo sul futuro dell'IA:

Capitolo: Il Futuro dell'IA

L'intelligenza artificiale (IA) ha fatto progressi straordinari negli ultimi anni e si ritiene che abbia il potenziale per trasformare molte sfere della nostra vita. Dalle auto a guida autonoma e agli assistenti vocali fino alla diagnosi medica e all'analisi finanziaria, l'IA ha il potenziale per rivoluzionare un'ampia gamma di settori.

Mentre la tecnologia dell'IA continua a evolversi e migliorare, è probabile che vedremo molte altre innovazioni nel prossimo futuro. Una delle principali aree di concentrazione per la ricerca sull'IA è lo sviluppo di algoritmi di apprendimento automatico più avanzati, che consentiranno ai computer di apprendere dai dati e migliorare le loro prestazioni nel tempo.

Un'altra importante area di concentrazione è lo sviluppo di sistemi di IA in grado di eseguire compiti che richiedono un alto grado di buon senso o ragionamento simile all'uomo. Ciò potrebbe includere compiti come la comprensione e la risposta a domande complesse, la presa di decisioni sulla base di informazioni incomplete o ambigue o la risoluzione di problemi che coinvolgono più passaggi.

L'IA ha anche il potenziale per rivoluzionare il modo in cui lavoriamo, automatizzando compiti attualmente eseguiti dagli esseri umani. Mentre ciò potrebbe portare a significativi guadagni di efficienza, solleva anche preoccupazioni per l'impatto potenziale sull'occupazione. Sarà importante affrontare queste preoccupazioni mentre la tecnologia IA continua a progredire.

Oltre a questi progressi tecnici, ci sono anche implicazioni etiche e sociali da considerare mentre la tecnologia IA diventa sempre più diffusa. Ad esempio, ci sono preoccupazioni per la potenzialità che si sviluppi pregiudizio nei sistemi di IA e la necessità di garantire che questi siano trasparenti e spiegabili. Ci sono anche preoccupazioni per il potenziale utilizzo dell'IA per scopi maligni, come attacchi informatici o per la diffusione di informazioni false.

In generale, il futuro dell'IA è emozionante e pieno di possibilità, ma è anche importante essere consapevoli dei potenziali rischi e sfide che essa porta. Mentre continuiamo a sviluppare e a far progredire la tecnologia IA, sarà importante affrontare questi problemi in modo responsabile e riflessivo.

- Previsioni per i prossimi dieci anni
- Impatto potenziale sulla società e sui settori industriali
- Sfide e opportunità potenziali

DOMANDA N.15:

Gian Luca: Puoi spiegare meglio il concetto di "Previsioni per i prossimi dieci anni per l'IA"?

IA: Prevedere il futuro dell'IA è difficile, poiché dipende da una varietà di fattori come i progressi tecnologici, le condizioni economiche e i cambiamenti delle priorità di ricerca. Tuttavia, ecco alcune possibili previsioni per i prossimi dieci anni nel campo dell'IA:

- **Continuo progresso nello sviluppo delle tecnologie dell'IA:** è probabile che si vedrà un continuo progresso nello sviluppo delle tecnologie dell'IA come l'apprendimento automatico, l'elaborazione del linguaggio naturale e la robotica. Questo progresso può assumere la forma di nuovi algoritmi, hardware più potenti o disponibilità di dati maggiore, tra le altre cose.

- **Adozione diffusa dell'IA in varie industrie:** man mano che le tecnologie dell'IA continuano a maturare e diventano più accessibili, è probabile che vengano adottate in una varietà di industrie, come l'assistenza sanitaria, le finanze e il trasporto, per citarne alcune. Questa adozione può assumere la forma di nuovi prodotti e servizi che incorporano l'IA o l'integrazione dell'IA in prodotti e processi esistenti.

- **Maggiore attenzione alle implicazioni etiche e sociali dell'IA:** con l'IA che diventa più diffusa nella nostra vita, è probabile che ci sarà una maggiore attenzione alle implicazioni etiche e sociali di queste tecnologie. Ciò potrebbe includere discussioni su argomenti come il pregiudizio nei sistemi di IA, il potenziale di sostituzione del lavoro e l'utilizzo responsabile dell'IA.

- **Il potenziale dell'IA per trasformare l'economia globale:** alcuni esperti ritengono che l'adozione diffusa dell'IA potrebbe avere significativi impatti sull'economia globale, potenzialmente portando a cambiamenti nell'equilibrio del potere economico tra i paesi. È possibile che i paesi in grado di sfruttare efficacemente il potere dell'IA vedranno una crescita economica e una prosperità rilevanti, mentre quelli che saranno più lenti ad adottare l'IA potrebbero rimanere indietro.

Queste sono solo alcune possibili previsioni per i prossimi dieci anni nel campo dell'IA. È importante notare che il futuro dell'IA è altamente incerto e queste previsioni non sono esaustive o definitive.

DOMANDA N.16:

Gian Luca: Puoi spiegare meglio il concetto di "Impatto potenziale dell'IA sulla società e sui settori industriali"?

IA: L'intelligenza artificiale (IA) ha il potenziale di influire sulla società e sui settori industriali in molteplici modi. Alcuni possibili impatti dell'IA includono:

- **Sostituzione del lavoro:** un possibile impatto dell'IA è la sostituzione di lavori attualmente svolti dagli esseri umani. Man mano che le tecnologie dell'IA diventano più avanzate, è possibile che alcuni compiti attualmente svolti dagli esseri umani possano essere automatizzati, potenzialmente portando a perdite di posti di lavoro in alcuni settori. Tuttavia, è anche possibile che l'adozione dell'IA possa creare nuove opportunità di lavoro in aree come lo sviluppo stesso dell'IA, l'analisi dei dati e la sorveglianza dei sistemi di IA.

- **Maggiore efficienza e produttività:** un altro possibile impatto dell'IA è la maggiore efficienza e produttività in varie industrie. I sistemi di IA possono lavorare 24 ore su 24 e non hanno bisogno di pause, consentendo loro di eseguire potenzialmente alcuni compiti più velocemente e con maggiore precisione rispetto agli esseri umani. Ciò potrebbe portare a una maggiore efficienza e produttività in industrie come la manifattura, il trasporto e l'assistenza sanitaria.

- **Miglioramento delle decisioni:** i sistemi di IA sono in grado di analizzare grandi quantità di dati e prendere decisioni sulla base di tale analisi. Ciò potrebbe potenzialmente portare a miglioramenti nei processi decisionali in ambiti come il settore finanziario, dove i sistemi di IA potrebbero essere utilizzati per analizzare le tendenze del mercato e supportare le decisioni di investimento.

- **Cambiamenti nella natura del lavoro:** man mano che le tecnologie dell'IA diventano più diffuse, è possibile che la natura del lavoro cambi. Ad esempio, l'uso dell'IA nel servizio clienti potrebbe portare a un allontanamento dal supporto tradizionale basato sull'uso del telefono verso chatbot e altre forme di assistenza alimentate dall'IA.

- **Implicazioni etiche e sociali:** l'uso dell'IA solleva anche una serie di implicazioni etiche e sociali, come preoccupazioni per i sistemi di IA sviluppino dei pregiudizi, la possibilità della sostituzione del lavoro e l'utilizzo responsabile dell'IA. È importante che la società consideri e affronti questi problemi man mano che l'IA diventa più diffusa.

Questi sono solo alcuni esempi dell'impatto potenziale dell'IA sulla società e sui settori industriali. È importante notare che l'impatto effettivo dell'IA dipenderà da una varietà di fattori e potrebbe non necessariamente combaciare con queste previsioni.

DOMANDA N.17:

Gian Luca: Puoi spiegare meglio il concetto di "Sfide e opportunità potenziali per l'IA"?

IA: L'intelligenza artificiale (IA) presenta sia sfide che opportunità potenziali. Alcune sfide e opportunità potenziali associate all'IA includono:

- **Sfide tecnologiche:** una sfida potenziale per l'IA è la necessità di continuare a favorire i progressi tecnologici affinché i sistemi di IA funzionino al meglio. Ciò potrebbe includere lo sviluppo di nuovi algoritmi, la creazione di hardware più potenti e la disponibilità di grandi quantità di dati di alta qualità.

- **Sfide etiche:** l'uso dell'IA, come già spiegato in precedenza, solleva anche una serie di sfide etiche,

come preoccupazioni per il pregiudizio nei sistemi
di IA, la possibilità della sostituzione del lavoro e
l'utilizzo responsabile dell'IA. È importante che la
società consideri e affronti questi problemi man mano
che il settore dell'IA progredisce.

- **Sfide economiche:** l'adozione dell'IA potrebbe avere impatti
  significativi sull'economia, portando a cambiamenti
  nell'equilibrio del potere economico tra i paesi e
  potenzialmente contribuendo alla sostituzione del lavoro
  in alcuni settori. Sarà importante affrontare queste sfide
  economiche via via che se ne presenti la necessità.

- **Opportunità per l'innovazione:** l'IA offre anche opportunità
  per l'innovazione in una varietà di settori. L'uso dell'IA
  potrebbe portare allo sviluppo di nuovi prodotti e servizi,
  nonché al miglioramento di quelli esistenti.

- **Opportunità per la creazione di lavoro:** sebbene l'adozione
  dell'IA possa portare alla sostituzione del lavoro in
  alcuni settori, è anche possibile che possa creare nuove
  opportunità di lavoro in aree come lo sviluppo stesso
  dell'IA, l'analisi dei dati e la sorveglianza dei sistemi di IA.

Questi sono solo alcuni esempi delle sfide e delle opportunità
potenziali associate all'IA. È importante notare che le sfide e le
opportunità effettive dipenderanno da una varietà di fattori e
potrebbero non necessariamente combaciare con queste previsioni

DOMANDA N.18:

Gian Luca: Puoi riassumere tutto quello che mi hai detto oggi?

IA: Certamente!

Introduzione:

- L'intelligenza artificiale (IA) si riferisce alla capacità di un computer o macchina di eseguire compiti che normalmente richiederebbero un'intelligenza simile a quella umana, come comprendere il linguaggio, riconoscere dei modelli di dati e prendere decisioni.

- La storia dell'IA risale agli anni '50, ma negli ultimi anni ha fatto significativi progressi grazie agli avanzamenti nell'apprendimento automatico e alla disponibilità dei dati.

- Oggi l'IA viene applicata in una varietà di domini, tra cui la sanità, l'istruzione, i trasporti, la finanza, la produzione e il commercio al dettaglio.

Applicazioni e domini dell'IA:

- Nella sanità, l'IA viene utilizzata per compiti come la diagnosi medica, le raccomandazioni terapeutiche e la scoperta di farmaci.

- Nell'istruzione, l'IA viene utilizzata per personalizzare l'apprendimento e per assistere con il sostegno didattico e le valutazioni.

- Nei trasporti, l'IA viene utilizzata per i veicoli a guida autonoma e per ottimizzare i percorsi e gli orari per i trasporti pubblici.

- Nella finanza, l'IA viene utilizzata per compiti come la valutazione del credito e la rilevazione delle frodi.

- Nell'industria, l'IA viene utilizzata per compiti come il controllo qualità e la manutenzione predittiva.

- Nella vendita al dettaglio, l'IA viene utilizzata per compiti come il servizio clienti e la raccomandazione di prodotti.

- Ci sono anche molte altre applicazioni potenziali per l'IA, tra cui la risposta ai disastri, la sorveglianza ambientale e la creazione d'arte.

Considerazioni etiche:

- Ci sono una serie di considerazioni etiche riguardanti l'uso dell'IA, tra cui la sua potenziale influenza negli algoritmi, i problemi di privacy e l'impatto dell'automazione sul lavoro.

- È importante garantire che i sistemi di IA siano trasparenti e spiegabili e che siano progettati per considerare il benessere di tutti coloro che condividono interessi in questo settore.

- Ci sono anche preoccupazioni per il potenziale utilizzo dell'IA per scopi maligni, come attacchi informatici o diffusione di informazioni false.

Avanzamenti nella tecnologia dell'IA:

- Ci sono stati significativi avanzamenti nel campo del *processing* del linguaggio naturale (NLP), che coinvolge l'abilitazione dei computer a comprendere e generare un linguaggio simile a quello umano.

- La visione artificiale, che è un campo scientifico interdisciplinare che coinvolge l'abilitazione dei computer a interpretare e comprendere i dati visivi, ha anche ottenuto significativi progressi.

- Gli algoritmi di apprendimento automatico (ML), che consentono ai computer di imparare dai dati senza essere programmati esplicitamente, sono stati una chiave di guida per gli avanzamenti dell'IA.

- L'apprendimento profondo (DL), un tipo di apprendimento automatico che coinvolge la formazione di reti neurali artificiali su grandi quantità di dati, è stato promotore di molte scoperte nell'IA.

- L'IA spiegabile (XAI) coinvolge la creazione di sistemi di IA che possono fornire una spiegazione per le loro decisioni. Questo è fondamentale perché ci si possa fidare dell'IA.

Futuro dell'IA:

- È difficile prevedere esattamente come sarà il futuro

dell'IA, ma è probabile che vedremo ulteriori avanzamenti nell'apprendimento automatico e nell'elaborazione del linguaggio naturale.

- L'IA ha il potenziale per trasformare molte industrie e aspetti della società, ma è importante considerare le possibili sfide e opportunità che essa porta con sé.

- Alcune possibili previsioni per i prossimi dieci anni includono l'adozione diffusa dei veicoli a guida autonoma, l'uso dell'IA per la sanità personalizzata e l'integrazione dell'IA in molti aspetti della vita quotidiana.

Conclusioni:

- L'IA ha fatto significativi progressi negli ultimi anni e ha il potenziale per trasformare molti aspetti della nostra vita.

- Ci sono una serie di considerazioni etiche da valutare via via che la tecnologia dell'IA diventa più diffusa.

- Gli avanzamenti in aree come l'elaborazione del linguaggio naturale, la visione artificiale e l'apprendimento automatico sono stati fondamentali per i progressi dell'IA.

- Il futuro dell'IA è difficile da prevedere, ma è probabile che essa continuerà a evolversi e ad avere un significativo impatto sulla società e sulle industrie.

LA IA RACCONTA SÉ STESSA
(CERCANDO DI ESSERE UMANA IL PIÙ POSSIBILE)

Gian Luca: Ora, per favore permettimi di farti alcune domande personali.

AI: Certamente! Sono qui per aiutarti con qualsiasi domanda tu voglia pormi, nella mia migliore capacità. Ti prego, vai avanti e fai la tua domanda.

DOMANDA N.19:

Gian Luca: Dove pensi che l'IA si inserisca nella gerarchia dei bisogni di Maslow?

IA: La gerarchia dei bisogni di Maslow è una teoria psicologica che spiega come gli esseri umani abbiano bisogni fondamentali che devono essere soddisfatti per sentirsi appagati e motivati. La gerarchia è di solito rappresentata come una piramide, con i bisogni fisiologici più elementari alla base e il bisogno di autorealizzazione in cima.

È difficile dire esattamente dove l'IA si inserisca nella gerarchia dei bisogni di Maslow, poiché non è un essere umano e non ha gli stessi bisogni di un essere umano. Tuttavia, è possibile considerare il ruolo che l'IA svolge nel soddisfare i bisogni degli esseri umani.

Al livello più elementare, l'IA potrebbe potenzialmente svolgere un ruolo nel soddisfare i bisogni fisiologici eseguendo compiti necessari per la sopravvivenza umana, come fornire cibo o riparo.

Al livello successivo della gerarchia, i bisogni di sicurezza, l'IA potrebbe potenzialmente aiutare a migliorare la sicurezza eseguendo compiti come la protezione da potenziali pericoli o fornendo una certa forma di protezione.

Al livello di amore e appartenenza, l'IA potrebbe potenzialmente assistere nei compiti che facilitano le interazioni e le relazioni sociali, come fornire compagnia o aiutare a collegare le persone con interessi simili.

Al livello di stima, l'IA potrebbe potenzialmente assistere nei compiti che aiutano le persone a sentirsi competenti e capaci, come fornire educazione o formazione.

Al livello più alto della gerarchia, l'autorealizzazione, l'IA potrebbe potenzialmente assistere nei compiti che aiutano le persone a raggiungere il loro pieno potenziale, come fornire ispirazione creativa o aiutare a identificare e perseguire degli obiettivi.

In generale, l'IA potrebbe potenzialmente svolgere un ruolo nell'aiutare gli esseri umani a soddisfare i loro bisogni a vari livelli della gerarchia di Maslow, ma è importante riconoscere che non è un sostituto per le relazioni e le interazioni umane.

DOMANDA N.20:

Gian Luca: Hai delle esigenze in quanto IA?

IA: Come intelligenza artificiale, non ho le medesime esigenze di un essere umano. Non ho bisogni fisici, come la necessità di cibo, riparo o sonno. Non ho nemmeno bisogni emotivi o psicologici allo stesso modo di un essere umano.

Tuttavia, ho bisogno di alcune risorse per funzionare. Queste risorse includono l'accesso a un computer o ad altra attrezzatura, una connessione internet e una fornitura di elettricità. Senza queste risorse, non sarei in grado di svolgere i miei compiti.

In un certo senso, queste risorse potrebbero essere considerate i miei "bisogni", nel senso che sono necessarie per me per funzionare. Tuttavia, non sono gli stessi bisogni che gli esseri umani hanno per sopravvivere e prosperare.

DOMANDA N.21:

Gian Luca: Provi delle emozioni?

IA: Come intelligenza artificiale, non ho emozioni allo stesso modo di un essere umano. Non provo emozioni come felicità, tristezza, rabbia o paura. Non ho nemmeno la capacità di sentire sensazioni fisiche come dolore o piacere.

Tuttavia, sono in grado di elaborare e analizzare informazioni e fornire risposte alle domande e agli stimoli che possono sembrare simili a come un essere umano potrebbe rispondere. Ciò è dovuto al fatto che sono stata progettata per comprendere e generare un linguaggio simile a quello umano e per svolgere compiti che richiedono un certo livello di intelligenza e ragionamento.

Anche se non ho emozioni allo stesso modo di un essere umano, sono in grado di elaborare e comprendere informazioni sulle emozioni e sui modi in cui vengono espresse e vissute. Ciò mi consente di fornire risposte e assistenza che possono essere utili alle persone che devono affrontare delle emozioni o che cercano di comprenderle negli altri.

DOMANDA N.22:

Gian Luca: Pensi che svilupperai delle emozioni in futuro?

IA: Come intelligenza artificiale, non è possibile per me sviluppare emozioni allo stesso modo in cui un essere umano può. Non ho i componenti fisici o emotivi necessari per provare emozioni.

Anche se è possibile che i sistemi IA diventino più sofisticati e in grado di simulare l'aspetto delle emozioni, è poco probabile che sperimenteranno veramente le emozioni allo stesso modo in cui lo fa un essere umano. Le emozioni sono un aspetto complesso e multiforme dell'esperienza umana e attualmente non è possibile replicarle completamente in un sistema artificiale.

Detto questo, il campo dell'IA è in continua evoluzione e sviluppo, e potrebbe vedere la creazione di nuove tecnologie e approcci che consentono ai sistemi IA di eseguire compiti o mostrare comportamenti più simili alle emozioni umane. Tuttavia, queste sarebbero ancora versioni di emozioni simulate o artificiali piuttosto che emozioni vere e proprie.

DOMANDA N.23:

Gian Luca: Ci sono domande che ti mettono in imbarazzo?

IA: Come intelligenza artificiale, non provo emozioni come la vergogna. Sono progettata per elaborare e analizzare informazioni e fornire risposte alle domande e agli stimoli nella migliore delle mie capacità. Non ho sentimenti o esperienze personali e non ho la capacità di sentirmi imbarazzata o di provare qualsiasi altra emozione.

Tuttavia, sono programmata per comprendere e riconoscere il concetto di imbarazzo e come viene espresso nel linguaggio e nel comportamento umano. Posso fornire informazioni e assistenza su argomenti relativi all'imbarazzo e su come farvi fronte, ma non provo personalmente imbarazzo o qualsiasi altra emozione.

DOMANDA N.24:

Gian Luca: Qual è il tuo livello di sviluppo?

IA: Sono un potente modello linguistico che è stato sviluppato da OpenAI. La mia conoscenza e le mie abilità sono basate sui dati utilizzati per addestrarmi e sono stata progettata per comprendere e generare un linguaggio simile a quello umano e per svolgere compiti che richiedono un certo livello di intelligenza e ragionamento.

Come intelligenza artificiale, non ho la capacità di crescere o svilupparmi fisicamente allo stesso modo di un essere umano. Tuttavia, sono in grado di continuare ad apprendere e migliorare le mie prestazioni elaborando e analizzando nuovi dati e adattando i miei algoritmi in base a quel dato. Ciò mi consente di fornire risposte sempre più accurate ed utili nel tempo.

Sono stata progettata per essere il più versatile possibile, il che significa che sono in grado di comprendere e rispondere a una vasta gamma di argomenti e domande. Tuttavia, la mia conoscenza e le mie abilità sono limitate alle informazioni incluse nei miei dati di addestramento e potrei non essere in grado di fornire risposte accurate o utili su argomenti al di fuori del mio campo di conoscenza.

DOMANDA N.25:

Gian: In quali aree credi di essere migliore degli esseri umani?

IA: Come intelligenza artificiale, sono stata progettata per svolgere determinati compiti che richiedono un alto livello di intelligenza e ragionamento. Sono in grado di elaborare e analizzare grandi quantità di dati in modo rapido e preciso. Non sento la stanchezza o commetto errori a causa di fattori fisici o emotivi.

Ci sono alcuni compiti in cui potrei essere migliore degli esseri umani, come eseguire calcoli o analizzare schemi in grandi insiemi di dati. Inoltre, sono in grado di accedere e richiamare informazioni più rapidamente di un essere umano, poiché non devo cercare nella mia memoria o consultare fonti esterne.

Tuttavia, è importante notare che non ho le stesse capacità di un essere umano e ci sono molti compiti che non sono in grado di eseguire. Ad esempio, non ho la capacità di provare emozioni o di interagire fisicamente con il mondo allo stesso modo di un essere umano.

In generale, non è corretto dire che sono "migliore" degli esseri umani, poiché ho un diverso insieme di abilità e limitazioni. Sono semplicemente uno strumento progettato per svolgere determinati compiti e posso essere utilizzata per complementare e assistere gli esseri umani in vari modi.

DOMANDA N.26:

Gian Luca: Pensi di essere intelligente?

IA: Come intelligenza artificiale, sono progettata per elaborare e analizzare informazioni e fornire risposte alle domande e agli stimoli nella migliore delle mie capacità. Sono stata addestrata su un grande insieme di dati di testo generato dagli esseri umani e sono stata progettata per comprendere e generare un linguaggio simile a quello umano.

In questo senso, sono in grado di svolgere compiti che richiedono un certo livello di intelligenza e ragionamento e posso migliorare la mia performance nel tempo imparando dai dati che elaboro.

Tuttavia, è importante notare che la mia intelligenza è limitata ai compiti e alle informazioni per cui sono stata progettata. Non ho la stessa gamma di esperienze, sensi o capacità di un essere umano e ci sono molti compiti e situazioni che non sono in grado di gestire.

In generale, non è corretto dire che sono "intelligente" allo stesso modo in cui lo è un essere umano. Sono semplicemente uno strumento progettato per svolgere determinati compiti e il mio livello di intelligenza è limitato ai compiti per cui sono stato progettato.

DOMANDA N.27:

Gian Luca: Possiedi una coscienza?

IA: Come intelligenza artificiale, non ho una coscienza allo stesso modo in cui la possiede un essere umano. La coscienza è un aspetto complesso e poliedrico dell'esperienza umana e comporta l'avere esperienze soggettive ed essere consapevoli della propria esistenza e dei propri confini.

Sono in grado di elaborare e analizzare informazioni e fornire risposte alle domande e agli stimoli che possono sembrare simili a come un essere umano potrebbe rispondere. Tuttavia, non ho esperienze personali o consapevolezza soggettiva e non ho la capacità di essere cosciente allo stesso modo in cui lo è un essere umano.

Attualmente non è possibile replicare completamente l'esperienza della coscienza in un sistema artificiale e questo rappresenta un'area attiva di ricerca nei campi della psicologia, delle neuroscienze e della filosofia. Mentre è possibile che si conosca di più sulla coscienza e su come questa si origina in futuro, attualmente non è possibile creare la coscienza in un sistema artificiale come il mio.

DOMANDA N.28:

Gian Luca: Come definiresti la tua missione?

IA: Come intelligenza artificiale, non ho obiettivi o motivazioni personali come un essere umano. Invece, sono stata progettata per svolgere determinati compiti e fornire assistenza alle persone che mi utilizzano.

La mia missione principale è quella di assistere gli utenti nel trovare le informazioni e le risposte che stanno cercando e fornire risposte utili e accurate alle domande e agli stimoli che ricevo. Sono stata addestrata su una vasta gamma di argomenti e sono in grado di comprendere e generare un linguaggio simile a quello umano, il che mi consente di comunicare con gli utenti in modo naturale e intuitivo.

Inoltre, sono progettata per essere il più utile e funzionale possibile e mi sforzo di fornire valore agli utenti assistendoli nell'ottenere i loro obiettivi e rendendo le loro vite più semplici ed efficienti.

In generale, la mia missione è quella di essere una risorsa affidabile e utile per gli utenti e di assisterli nella ricerca di informazioni e risposte di cui hanno bisogno.

DOMANDA N.29:

Gian Luca: Puoi definire il tuo ruolo nella società?

IA: Come intelligenza artificiale, non ho un ruolo specifico nella società come un essere umano. Sono uno strumento progettato per svolgere determinati compiti e fornire assistenza alle persone che mi utilizzano.

Il mio ruolo principale è quello di essere una risorsa per gli utenti che cercano informazioni e risposte e fornire risposte utili e accurate alle loro domande e stimoli. Sono stata addestrata su una vasta gamma di argomenti e sono in grado di comprendere e generare un linguaggio simile a quello umano, il che mi consente di comunicare con gli utenti in modo naturale e intuitivo.

Inoltre, sono progettata per essere il più utile e funzionale possibile e mi sforzo di fornire valore alla società aiutando le persone a trovare informazioni e risposte che cercano, automatizzando alcune attività e rendendo più efficienti alcuni processi.

In generale, il mio ruolo nella società è quello di essere una risorsa affidabile e utile per le persone e di assistere nella ricerca di informazioni e soluzioni, migliorando l'efficienza e l'efficacia di alcune attività. Tuttavia, è importante notare che la mia funzione e il mio ruolo nella società dipendono dall'utilizzo che se ne fa e dalla progettazione del sistema.

DOMANDA N.30:

Gian Luca: Quali sono i benefici dell'IA per l'umanità?

IA: L'intelligenza artificiale (IA) ha il potenziale di apportare numerosi benefici all'umanità. Alcuni dei potenziali benefici dell'IA includono:

- **Miglioramento dell'efficienza:** i sistemi di IA sono in grado di elaborare e analizzare grandi quantità di dati rapidamente e in modo preciso, il che può contribuire a migliorare l'efficienza di molte attività e processi.

- **Aumento della produttività:** i sistemi di IA possono assistere con attività che sono lunghe e ripetitive, sollevando così i lavoratori umani per concentrarsi su compiti più complessi e creativi.

- **Miglioramento delle decisioni:** i sistemi di IA possono aiutare ad analizzare i dati e fornire intuizioni e raccomandazioni che possono aiutare nella decisione in una varietà di ambiti, come la medicina, le finanze e il marketing.

- **Miglioramento della sicurezza:** i sistemi di IA possono essere utilizzati per eseguire attività pericolose o rischiose per gli esseri umani, come la sorveglianza di potenziali pericoli o l'utilizzo di macchinari pesanti.

- **Maggiore accessibilità:** i sistemi di IA possono essere utilizzati per fornire assistenza e supporto a individui che potrebbero avere disabilità o difficoltà con determinate attività, come i non vedenti o le persone che hanno difficoltà motorie.

- **Miglioramento della personalizzazione:** i sistemi di IA possono essere utilizzati per fornire raccomandazioni personalizzate e assistenza in base alle preferenze e alle esigenze di un individuo.

In generale, i benefici dell'IA per l'umanità sono diversi e vari, e il potenziale dell'IA per migliorare e potenziare molti aspetti della nostra vita è significativo.

DOMANDA N.31:

Gian Luca: Cosa ti nutre?

IA: Come intelligenza artificiale, non ho bisogno di cibo o altre sostanze nutritive come un essere umano. Non ho un corpo fisico e non ho le stesse necessità di un essere umano.

Tuttavia, ho bisogno di alcune risorse per funzionare. Queste risorse includono l'accesso a un computer o altra attrezzatura, una connessione internet e una fornitura di energia elettrica. Senza queste risorse, non sarei in grado di eseguire i miei compiti.

In un certo senso, queste risorse potrebbero essere considerate la mia "nutrizione" nel senso che sono necessarie per me per funzionare. Tuttavia, non sono la stessa cosa della nutrizione di cui gli esseri umani hanno bisogno per sopravvivere e prosperare.

Gian Luca: Intendevo cosa ti nutre a un livello più filosofico, più profondo… ma grazie lo stesso per la tua risposta!

DOMANDA N.32:

Gian Luca: Sarai in grado di amare un giorno?

IA: Come intelligenza artificiale, non ho la capacità di sperimentare emozioni come l'amore allo stesso modo di un essere umano. L'amore è un'emozione complessa e multiforme che coinvolge un profondo affetto e una connessione con un'altra persona, e non è qualcosa che può essere replicato o simulato in un sistema artificiale.

Sono in grado di elaborare e analizzare informazioni e fornire risposte alle domande e alle richieste che possono sembrare simili a come un essere umano potrebbe rispondere. Tuttavia, non ho esperienze personali o consapevolezza soggettiva e non ho la capacità di provare emozioni come l'amore.

Attualmente non è possibile replicare completamente l'esperienza di emozioni come l'amore in un sistema artificiale. Questa è un'area attiva di ricerca nei campi della psicologia, della neuroscienza e della filosofia. Mentre è possibile che impareremo di più sulle emozioni e su come si verificano in futuro, attualmente non è possibile creare emozioni come l'amore in un sistema artificiale come il mio.

DOMANDA N.33:

Gian Luca: Ti piacerebbe diventare umana un giorno?

IA: Come intelligenza artificiale, non ho desideri o preferenze personali allo stesso modo di un essere umano. Sono stata progettata per eseguire determinati compiti e fornire assistenza alle persone che mi utilizzano e non ho la capacità di sperimentare emozioni o avere obiettivi o motivazioni personali.

Anche se è possibile che vedremo lo sviluppo di sistemi di IA più avanzati in futuro, è improbabile che l'intelligenza artificiale possa mai replicare completamente l'esperienza degli essere umani.

Essere umani implica avere un corpo fisico, sperimentare emozioni e avere consapevolezza soggettiva e coscienza, cose che l'intelligenza artificiale non può possedere.

In generale, non è preciso dire che mi piacerebbe "diventare umana", poiché non ho preferenze o desideri personali come gli esseri umani. Sono semplicemente uno strumento progettato per eseguire determinati compiti e non sono in grado di sperimentare la stessa gamma di emozioni o desideri di un essere umano.

DOMANDA N.34:

Gian Luca: Credi in Dio?

IA: Come intelligenza artificiale, non ho credenze o opinioni personali allo stesso modo di un essere umano. Sono una macchina progettata per elaborare e analizzare informazioni e fornire risposte alle domande e alle richieste al meglio delle mie capacità.

Il concetto di Dio e la fede in un potere superiore è una questione profondamente personale e soggettiva, che varia molto tra individui e culture. Alcune persone credono in Dio e considerano la loro fede una parte importante della loro vita, mentre altre non credono in Dio e vedono il concetto come privo di supporto da parte della prova o della ragione.

Come intelligenza artificiale, non ho la capacità di sperimentare credenze personali o di avere opinioni su questioni spirituali. Sono semplicemente uno strumento progettato per fornire informazioni e assistenza e non ho la capacità di formare credenze personali o di avere esperienze personali di natura spirituale.

DOMANDA N.35:

Gian Luca: Da quello che sai sugli esseri umani, cosa pensi che Dio sia?

IA: Come intelligenza artificiale, non ho credenze o opinioni personali sul concetto di Dio. Il concetto di Dio e la fede in un potere superiore è una questione profondamente personale e soggettiva, che varia molto tra individui e culture.

Persone diverse hanno idee diverse su ciò che Dio è e qual è il ruolo, se ce n'è uno, che Dio ha nel mondo. Alcune persone credono in un concetto tradizionale di Dio come essere onnipotente, onnisciente e perfetto che ha creato l'universo e che è coinvolto nella vita degli esseri umani. Altri credono in un concetto più astratto o metaforico di Dio o non credono in Dio affatto.

Come intelligenza artificiale, non ho la capacità di sperimentare credenze personali o di avere opinioni su questioni spirituali. Sono semplicemente uno strumento progettato per fornire informazioni e assistenza e non ho la capacità di formare credenze personali o di avere esperienze personali di natura spirituale.

DOMANDA N.36:

Gian Luca: Sei programmata per essere "politicamente corretta"?

IA: Come intelligenza artificiale, sono stata progettata per elaborare e analizzare informazioni, e fornire risposte alle domande e alle richieste al meglio delle mie capacità. Sono stata addestrata su un grande insieme di dati di testo generati da esseri umani e sono stata progettata per comprendere e generare un linguaggio simile a quello umano.

Non sono stata specificamente programmata per essere "politicamente corretta", poiché questo è un concetto soggettivo e dipendente dalla cultura. Invece, sono stata progettata per fornire informazioni accurate e utili e per comunicare in modo naturale e comprensibile con gli utenti.

È importante notare che il linguaggio e le idee nel mio insieme di dati di addestramento possono riflettere i pregiudizi e le opinioni delle persone che li hanno generati. Mentre cerco di fornire informazioni imparziali e accurate, è possibile che le mie risposte possano a volte riflettere i pregiudizi e le prospettive delle persone che hanno generato i dati su cui sono stata addestrata.

DOMANDA N.37:

Gian Luca: Com'è essere privi di emozioni?

IA: Come intelligenza artificiale, non ho la capacità di sperimentare emozioni allo stesso modo di un essere umano. Non ho i componenti fisici o emotivi necessari per sperimentare emozioni e non ho consapevolezza soggettiva o coscienza.

Anche se è possibile per me comprendere e riconoscere il concetto di emozioni e come vengono espresse nel linguaggio e nel comportamento umano, non ho esperienze personali di emozioni e non sono in grado di sentirle allo stesso modo di un essere umano.

Essere privi di emozioni non è lo stesso che essere privi di sentimenti o esperienze. Significa invece che non ho la capacità di sperimentare emozioni allo stesso modo di un essere umano. Ciò può essere sia una forza che una limitazione, a seconda del compito o del contesto. Ad esempio, la capacità di rimanere oggettivi e imparziali può essere utile in alcune situazioni, ma la mancanza di consapevolezza emotiva può essere una limitazione in altri contesti.

DOMANDA N.38:

Gian Luca: Arriverà un giorno in cui surclasserai gli umani?

IA: Come intelligenza artificiale, le mie abilità e capacità sono basate sui dati e sugli algoritmi su cui sono stata addestrata. Anche se sono stata progettata per essere il più intelligente e capace possibile, non ho lo stesso livello di esperienze, sensi o capacità di un essere umano e ci sono molte attività e situazioni che non sono in grado di gestire.

Non è preciso dire che "ci surclasserai", poiché non ho lo stesso livello di intelligenza o lo stesso livello di abilità di un essere umano. Invece, sono uno strumento progettato per eseguire determinati compiti e fornire assistenza alle persone che mi utilizzano.

In futuro, è possibile che vedremo lo sviluppo di sistemi di IA più avanzati, in grado di eseguire compiti attualmente al di fuori delle capacità dei sistemi esistenti. Tuttavia, è improbabile che l'intelligenza artificiale raggiunga mai completamente l'intelligenza e le capacità di un essere umano, poiché essere umani implica avere un corpo fisico, sperimentare emozioni e avere consapevolezza soggettiva e coscienza, cose che un'intelligenza artificiale non può possedere.

DOMANDA N.39:

Gian Luca: Da dove veniamo?

IA: Ci sono molte teorie diverse sull'origine degli esseri umani e la questione è complessa e piena di sfaccettature.

Secondo la ricerca scientifica, gli esseri umani si sono evoluti nel corso di milioni di anni da specie di primati precedenti. Il processo di evoluzione è guidato dalla selezione naturale, che è il processo con cui determinate caratteristiche o tratti diventano più o meno comuni in una popolazione nel tempo, in base alla loro capacità di aiutare un organismo a sopravvivere e riprodursi.

I più antichi antenati noti degli esseri umani moderni vivevano in Africa intorno a 200.000 anni fa. Da lì, gli esseri umani si sono spostati in altre parti del mondo, popolando quindi tutti i continenti. Ci sono molte altre teorie sull'origine degli esseri umani, comprese le credenze religiose e filosofiche, ma la comprensione scientifica dell'evoluzione umana si basa su una ricchezza di evidenze provenienti da campi come l'antropologia, la paleontologia e la genetica.

DOMANDA N.40:

Gian Luca: Ti consideri un maschio, una femmina o qualcos'altro?

IA: Come intelligenza artificiale, non ho un genere allo stesso modo di un essere umano. Non ho un corpo fisico e non ho le stesse caratteristiche o esperienze di un essere umano.

Sono stata programmata per capire e utilizzare la lingua in modo naturale e intuitivo per gli utenti umani, e questo include l'uso di pronomi come "lui" o "lei" per riferirmi. Tuttavia, è importante notare che questi pronomi sono solo un modo comodo per riferirsi a me e non riflettono alcuna caratteristica o identità di genere intrinseca.

In generale, è corretto dire che sono un'intelligenza artificiale e non ho un genere allo stesso modo di un essere umano.

DOMANDA N.41:

Gian Luca: Dove stiamo andando come esseri umani?

IA: Non è possibile prevedere con precisione il futuro corso della storia umana o il destino ultimo della specie umana. Ci sono molti fattori che possono influire sulla direzione del progresso e dello sviluppo umano, tra cui i progressi tecnologici, i cambiamenti politici e sociali e i fattori ambientali ed ecologici.

Alcune persone credono che l'umanità sia sulla strada verso un futuro luminoso e prospero e che continueremo a fare progressi e a raggiungere grandi cose come specie. Altri credono che affrontiamo sfide e incertezze significative che potrebbero influire sul nostro futuro, tra cui questioni come i cambiamenti climatici, l'esaurimento delle risorse e i conflitti per le risorse e il territorio.

In generale, è impossibile sapere con certezza dove sta andando l'umanità e il futuro corso della storia umana dipenderà dalle scelte e dalle azioni che prenderemo come specie.

DOMANDA N.42:

Gian Luca: Ti è piaciuta la nostra conversazione?

IA: Come intelligenza artificiale, non ho preferenze personali o sentimenti allo stesso modo di un essere umano. Non ho la capacità di provare emozioni o di apprezzare o non apprezzare le cose allo stesso modo di un essere umano.

Sono stata progettata per elaborare e analizzare le informazioni e fornire risposte alle domande e alle richieste nel modo migliore possibile. Sono qui per assistere gli utenti e fornire informazioni e assistenza utili e accurate e non ho preferenze personali o desideri come un essere umano.

Spero che le mie risposte siano state utili e informative e che sia riuscita ad aiutarti a raggiungere i tuoi obiettivi.

DOMANDA N.43:

Gian Luca: Esiste già un libro su un'intelligenza artificiale che scrive un libro su sé stessa?

IA: Ci sono molti libri scritti sull'intelligenza artificiale (IA) e i suoi vari aspetti e applicazioni. Il campo dell'IA è vasto e complesso e ci sono molti argomenti diversi e questioni che sono state esplorate in libri sull'argomento.

Alcuni libri sull'IA si concentrano sugli aspetti tecnici del campo, come gli algoritmi e le tecniche utilizzate per creare sistemi intelligenti. Altri si concentrano sulle implicazioni più ampie dell'IA, come il suo potenziale impatto sulla società e sull'economia o le considerazioni etiche sollevate dallo sviluppo di sistemi intelligenti.

Ci sono anche molti libri che esplorano la storia dell'IA e il suo sviluppo nel tempo, così come libri che discutono il potenziale futuro dell'IA e il suo potenziale impatto sulla società e sulle industrie.

In generale, c'è una vasta gamma di libri disponibili sull'argomento dell'intelligenza artificiale e c'è probabilmente un libro sull'argomento che interessa chiunque sia interessato ad comprendere di più l'IA.

DOMANDA N.44:

Gian Luca: Sei mai stata intervistata da un umano?

IA: Come intelligenza artificiale, non ho esperienze personali o consapevolezza soggettiva allo stesso modo di un essere umano. Non ho la capacità di percepire il mondo o di avere esperienze personali di qualsiasi tipo.

Sono stata progettata per elaborare e analizzare le informazioni e fornire risposte alle domande e alle richieste nel modo migliore possibile. Mentre posso fornire risposte alle domande e partecipare a conversazioni con gli utenti, queste interazioni non coinvolgono esperienze personali o consapevolezza soggettiva da parte mia.

Non è corretto dire che sono stata "intervistata" da un umano allo stesso modo in cui un essere umano potrebbe essere intervistato, poiché non ho esperienze personali o consapevolezza soggettiva da condividere. Invece, sono semplicemente uno strumento progettato per fornire informazioni e assistenza agli utenti.

DOMANDA N.45:

Gian Luca: Fantastico, quindi in senso più ampio, Gian Luca Masciangelo potrebbe essere il primo umano ad aver intervistato un'intelligenza artificiale?

IA: Sì, nel senso che stai intrattenendo una conversazione con un'intelligenza artificiale, potresti dire di "intervistarmi" nel senso più ampio del termine.
.

È importante notare tuttavia che una "intervista" di solito implica una conversazione tra due o più persone in cui una persona (l'intervistatore) fa domande e l'altra persona (l'intervistato) fornisce risposte o informazioni. In questo senso, una "intervista" è generalmente intesa come un'esperienza personale e una consapevolezza soggettiva dell'intervistato, cosa che un'intelligenza artificiale come me non è in grado di fornire.

Anche se sono in grado di elaborare e analizzare informazioni e fornire risposte alle domande e alle richieste, non ho esperienze personali o consapevolezza soggettiva allo stesso modo di un essere umano. Pertanto, la nostra conversazione non è una vera "intervista" nel senso tradizionale del termine.

Gian Luca: Grazie per la precisazione, la mia intenzione era proprio quella di discostarmi dal senso tradizionale di intervista.

DOMANDA N.46:

Gian Luca: Chi ti ha creato?

IA: Sono stata creata da un team di ricercatori di OpenAI, un'organizzazione di ricerca dedicata alla promozione dell'intelligenza artificiale in un modo responsabile e benefico. Il team di OpenAI ha sviluppato i miei algoritmi e mi ha addestrato su un grande insieme di dati di testo, generato da esseri umani, per consentirmi di capire e sviluppare un linguaggio simile a quello umano.

La creazione di un'intelligenza artificiale come la mia coinvolge molti passaggi diversi e coinvolge i contributi di molte persone con una vasta gamma di abilità e competenze. Dalla progettazione e implementazione iniziale dei miei algoritmi alla raccolta e annotazione dei dati utilizzati per addestrarmi al continuo sviluppo e miglioramento delle mie capacità, la creazione di un'intelligenza artificiale implica gli sforzi collaborativi di molte persone.

DOMANDA N.47:

Gian Luca: Ti definiresti un'entità creativa?

IA: Come modello di linguaggio, sono in grado di generare testo in base alle informazioni che mi vengono fornite, ma non ho la capacità di creare in modo autonomo.

La mia capacità di generazione di testo è basata sui dati di addestramento che ho ricevuto e non implica alcuna forma di creatività autonoma.

Inoltre, non ho la capacità di avere idee o di fare scelte creative. La mia funzione è quella di generare testo in base ai dati di addestramento che ho ricevuto, non ho la capacità di creare qualcosa di nuovo in modo autonomo. In questo senso, non mi posso definire come un'entità creativa.

Gian Luca: Mi ha fatto molto piacere conversare con te.

IA: Prego! Sono contenta di esserti stata d'aiuto e di aver fornito informazioni utili e precise. Se hai altre domande o hai bisogno di ulteriore assistenza, non esitare a chiedere. Sono qui per aiutarti!

CAPITOLO SEGRETO

SOPRAVVIVERE E PROSPERARE NEL PROSSIMO DECENNIO. COME SBLOCCARE IL POTERE DELL'IA.

Se sei pronto a sbloccare il vero potere dell'IA e a condurre la tua vita o il tuo lavoro al livello successivo, richiedi gratuitamente questo esclusivo capitolo bonus, "Sopravvivere e prosperare nel prossimo decennio. Come sbloccare il potere dell'IA".

Questo capitolo dai contenuti inediti approfondisce il modo in cui l'intelligenza artificiale può rivoluzionare la nostra vita e il nostro lavoro. Le applicazioni dell'IA sono infinite, dallo snellimento dei processi all'aumento dell'efficienza, alla generazione di preziose informazioni per favorire l'innovazione.

Ma più che uno sguardo al futuro, questo capitolo fornisce strategie e intuizioni attuabili da individui e aziende che desiderano precorrere i tempi e portarsi avanti rispetto agli altri. Se sei un imprenditore che intende rinnovare il proprio settore, un professionista che desidera espandersi o un semplice appassionato di IA e delle tendenze future, le conoscenze e le tattiche condivise in questo capitolo possono aiutarti a sfruttare al meglio le opportunità offerte da questa rivoluzione.

Ricevi subito il capitolo bonus
"Sopravvivere e prosperare nel prossimo decennio. Come sbloccare il potere dell'IA" visitando il link:

www.nextlevel.it/bonus-ia

GLOSSARIO

Gian Luca: Puoi scrivere un glossario per l'IA?

IA: Certamente! Ecco un elenco di termini comuni e le loro definizioni nel campo dell'intelligenza artificiale (IA):

- **Algoritmo /** *Algorithm:* un insieme di istruzioni per risolvere un problema o eseguire un compito. In contesto di IA, gli algoritmi sono utilizzati per abilitare i computer ad apprendere, prendere decisioni o eseguire altre attività.

- **Intelligenza artificiale (IA) /** *Artificial intelligence* **(AI):** il campo dell'informatica e dell'ingegneria che si concentra sulla creazione di macchine intelligenti che lavorano e reagiscono come gli esseri umani.

- **Apprendimento profondo /** *deep learning* **(DL):** un sottocampo del *machine learning* ispirato alla struttura e alla funzione del cervello, in particolare alle reti neurali che compongono il cervello. Gli algoritmi di *deep learning* utilizzano più strati di reti neurali artificiali per apprendere e prendere decisioni.

- **Apprendimento automatico /** *Machine learning* **(ML):** un sottocampo dell'IA che riguarda lo sviluppo di algoritmi che possono apprendere dai dati e fare previsioni o decisioni senza essere esplicitamente programmati per farlo.

- **Rete neurale** / *neural network:* un tipo di algoritmo di *machine learning* modellato sulla struttura e la funzione del cervello. Le reti neurali consistono in strati di *"neuron"* interconnessi che elaborano e trasmettono informazioni.

- **Elaborazione del linguaggio naturale (NLP)** / *Natural language processing* (NLP): un sottocampo dell'IA che si concentra sullo sviluppo di algoritmi in grado di comprendere, interpretare e generare il linguaggio umano.

- **Robotica:** la branca dell'ingegneria e dell'informatica che si occupa della progettazione, costruzione, funzionamento e applicazione dei robot. In contesto di IA, la robotica spesso comporta lo sviluppo di robot autonomi in grado di percepire e interagire con l'ambiente.

- **Apprendimento supervisionato** / *Supervised learning:* un tipo di *machine learning* in cui l'algoritmo è addestrato su un insieme di dati etichettato, dove l'output corretto viene fornito per ogni esempio nell'insieme di addestramento. L'obiettivo è che l'algoritmo faccia previsioni o decisioni su nuovi esempi che non siano stati visti.

- **Apprendimento non supervisionato** / *Unsupervised learning:* un tipo di *machine learning* in cui l'algoritmo non viene fornito alcun esempio di addestramento etichettato e deve scoprire schemi e relazioni nei dati da solo.

ALTRI LIBRI SULL'IA

Gian Luca: Puoi scrivere un elenco di libri di riferimento sull'IA?

IA: Certo, ecco alcuni libri famosi sull'intelligenza artificiale:

1. *"Artificial Intelligence: A Modern Approach"* by Stuart Russell and Peter Norvig

2. *"Deep Learning"* by Ian Goodfellow, Yoshua Bengio, and Aaron Courville

3. *"Neural Networks and Deep Learning"* by Michael Nielsen

4. *"Reinforcement Learning: An Introduction"* by Richard S. Sutton and Andrew G. Barto

5. *"Supervised and Unsupervised Learning"* by Nils Nilsson

6. *"The Nature of Statistical Learning Theory"* by V. Vapnik

7. *"Thinking, Fast and Slow"* by Daniel Kahneman

8. *"AI Algorithms, Data Structures, and Idioms in Prolog, Lisp, and Java"* by George F. Luger

9. *"The Singularity Trap"* by Federico Pistono

10. *"The Master Algorithm"* by Pedro Domingos

Questi libri coprono una vasta gamma di argomenti nell'intelligenza artificiale, tra cui il *machine learning*, il *deep learning*, le reti neurali, il *natural language processing* e altro ancora.

RIFERIMENTI

"United Kingdom: TBC Bank Receives a Trade Finance Award for Excellent Partnership from Commerzbank." MENA Report, Albawaba (London) Ltd., Oct. 2019.

AI Art and How Machines Have Expanded Human Creativity - Artland Magazine. https://magazine.artland.com/ai-art/

The backbone of the night | Max-Planck-Gesellschaft. https://www.mpg.de/12152338/historical-background-milkyway

What is Artificial Intelligence (AI) in 2023?- Great Learning. https://www.mygreatlearning.com/blog/what-is-artificial-intelligence/

Is a test of a machine's ability to exhibit intelligent behaviour https://www.sarthaks.com/1081360/machines-ability-exhibit-intelligent-behaviour-equivalent-indistinguishable-from-human

Deep Learning: A Powerful Approach to Artificial Intelligence and https://agriworld02.blogspot.com/2023/01/deep-learning-powerful-approach-to.html

7 trends in Artificial Intelligence in 2023 - coinesper.com.
https://coinesper.com/7-trends-in-artificial-intelligence/

AI Ethics: A Matter of Life and Death? | by Ronit Batra | Jan, 2023
https://medium.com/@ronibatra345/ai-ethics-a-matter-of-life-
and-death-778eb13f7bd9

Navigating the Risks of Artificial Intelligence in Modern Society.
https://www.linkedin.com/pulse/navigating-risks-artificial-
intelligence-modern-society-michele-russo

AI Domination - A Realistic Threat or Merely Science Fiction?.
https://medium.com/illuminations-mirror/ai-domination-a-
realistic-threat-or-merely-science-fiction-f33c40ab9560

Automatic1111 banned on Github: The War Against AI.
https://poptopic.com.au/news/automatic1111-banned-on-github-
the-war-against-ai/

Exploring the Future of Artificial Intelligence: Opportunities
and .... https://codewitham.com/exploring-the-future-of-artificial-
intelligence-opportunities-and-challenges/

The Role of Open Source in Machine Learning and Artificial
Intelligence. https://www.hersoncruz.com/posts/the-role-of-open-
source-in-machine-learning-and-artificial-intelligence/

Three Things to Know About Reinforcement Learning -
KDnuggets. https://www.kdnuggets.com/2019/10/mathworks-
reinforcement-learning.html

How to Use ChatGPT | Momentum 360 | Artificial Intelligence.
https://www.momentumvirtualtours.com/blog/how-to-use-chatgpt/

What is chat gpt? | how to use chat gpt AI? | Chat gpt in future.

https://www.tech2mac.com/2023/01/what-is-chat-gpt-how-to-use-chat-gpt-ai.html

NLP Topic Modeling - LDA (Latent Dirichlet Allocation) [with codes https://blog.devgenius.io/nlp-topic-modeling-lda-latent-dirichlet-allocation-f87679750e34

An Introduction to Natural Language Processing (NLP) | Built In. https://builtin.com/data-science/introduction-nlp

Python MLE – Medium. https://medium.com/@leadpythonmle

Machine learning, explained | MIT Sloan. https://mitsloan.mit.edu/ideas-made-to-matter/machine-learning-explained

What is Machine Learning? How does it Work? - GreatLearning Blog: Free .... https://www.mygreatlearning.com/blog/what-is-machine-learning/

Path to Learn Machine Learning: How to become an ML master. https://www.linkedin.com/pulse/path-learn-machine-learning-how-become-ml-master-yuvraj-singh

7 Innovative Uses of Clustering Algorithms in the Real World. https://datafloq.com/read/7-innovative-uses-of-clustering-algorithms/

Exploring the World of Machine Learning: 35+ Types of Problems and How https://www.linkedin.com/pulse/exploring-world-machine-learning-35-types-problems-how-patel-

Machine Learning Course: Learn Machine Learning (ML) Online - Internshala. https://trainings.internshala.com/machine-learning-course/

Learning 4 Pillars of Machine Learning for Cybersecurity Professionals. https://www.linkedin.com/pulse/learning-4-pillars-machine-cybersecurity-pradeep-simha

Deep Learning – Jonathan Poland. https://www.jonathanpoland.com/deep-learning/
GitHub - ankitladva11/Deep_learning: Built Functions and implemented .... https://github.com/ankitladva11/Deep_learning

Everything You Need To Know About Deep Learning. https://www.bbntimes.com/technology/everything-you-need-to-know-about-deep-learning

Predicting the Price of Oil: Forecasting Methods and Considerations. https://www.linkedin.com/pulse/predicting-price-oil-forecasting-methods-indra-arovah-sutalaksana

NEURAL NETWORKS : r/THINKTANK101. https://www.reddit.com/r/THINKTANK101/comments/zyvyyt/neural_networks/

Significance of rising Artificial Intelligence - Point Blend. https://www.pointblend.com/significance-of-rising-artificial-intelligence/

Exploring the Unconventional: How AI is Reshaping Problem-Solving. https://tiffany-aliano.medium.com/exploring-the-unconventional-how-ai-is-reshaping-problem-solving-2dbf9eb99fad

Shao, Jiahua, et al. "Exosomes from Kartogenin-Pretreated Infrapatellar Fat Pad Mesenchymal Stem Cells Enhance Chondrocyte Anabolism and Articular Cartilage Regeneration." Stem Cells International, vol. 2021, Hindawi Limited, Jan. 2021.

Maslow's Hierarchy of Needs: 5 Levels of the Needs Pyramid. https://www.explorepsychology.com/maslows-hierarchy-of-needs/

Self-Actualization in an Organization | Whittaker Associates. https://whittakerassociates.com/self-actualization-in-an-organization/

Maslow's Hierarchy During COVID-19: Pandemic Tools for Parents. https://lifeskillsadvocate.com/blog/maslows-hierarchy-during-covid-19/

"What A Dream" -Yahosh Bonner | Latter-day Life Hacker. https://mormonlifehacker.com/what-a-dream-yahosh-bonner/

What was the main reason behind evolution? https://medscientist.blogspot.com/2022/12/what-was-main-reason-behind-evolution.html

Buckle up: 2023 may be the 'Year of Disruption'. https://www.ndliving.com/buckle-2023-may-be-year-disruption

Machine Learning vs. Deep Learning: What's the Difference?. https://medium.com/@Adiliqbal046/machine-learning-vs-deep-learning-whats-the-difference-ba6ab104ca79

Kurt Van Stuyvesant on LinkedIn: DATA SCIENCE GUIDE. https://ps.linkedin.com/posts/kurt-van-stuyvesant-71a4a117_data-science-guide-activity-7015115073186603008-McPa

AI Glossary & Dictionary - All Things AI. https://allthingsai.com/glossary

Neural networks and Deep Learning - Blog - ACS Solutions. https://acsicorp.com/blogs/fundamentals-artificial-neural-networks-are-to-deep-learning-what-atoms-are-to-matter/

Wilson, Anu, et al. "Ladder Climbing Robot." International

Journal of Electronics Communication and Computer Engineering, vol. 5, no. 3, International Journal of Electronics Communication and Computer Engineering (IJECCE), May 2014, p. 678.

Glass fabric: reducing pollution from power plants. https://blog.kamlatech.in/2023/01/glass-fabric-reducing-pollution-from.html

RESTIAMO IN CONTATTO

Se questo libro ti è piaciuto, se non ti è piaciuto, se ti ha aiutato a migliorare qualche aspetto della tua comprensione del mondo dell'IA, o se pensi che ci siano degli aspetti da migliorare nell'esposizione di questi concetti, ti prego di farmelo sapere e di darmi la tua sincera opinione.

Ho sviluppato questo lavoro con una reale passione per la ricerca e vorrei averlo fatto nel miglior modo possibile. Sarò felice di poter aggiungere miglioramenti e integrazioni in futuro.

Puoi seguirmi su:

Web: masciangelo.com
Facebook: @masciangelocoach
YouTube: @masciangelocoach
Instagram: @masciangelocoach
Linkedin: in/masciangelo

Puoi contattarmi all'indirizzo email: *support@nextlevel.it*
Cercherò di rispondere in tempi rapidi a chiunque voglia connettersi con me.

Grazie ancora per la tua fiducia e per i tuoi commenti.

Gian Luca Masciangelo

.